AF613739

MOULINET PREMIER,

PARODIE

DE

MAHOMET SECOND.

TRAGEDIE.

Ludere, non lædere.

A LA HAYE,
Chez ANTOINE VAN DOLE.
MDCCXXXIX.

EPITRE.

MOULINET

A

MAHOMET.

REçoi, cher Mahomet, un hommage sans fard,
Cette Epître est le fruit de ma reconnoissance :
A Moulinet tu n'as aucune part,
Mais cependant il te doit la naissance,
Et je suis ton Enfant bâtard.
Comment cela ? C'est un mystére
Je vais le dévoiler : la Folie est ma Mere ;
En t'écoutant débiter avec art
Ces nobles sentimens que le Public admire,
A ta conduite sans écart,
A mille traits qui bravent la Satyre,
L'Amour, en ta faveur, la perça de son dard :
Elle sent aussi-tôt une bizarre verve,
Et dans son cerveau Calotin,
Me conçoit, ainsi que Jupin
Conçut la divine Minerve.
Trois jours, à me former, elle s'évertua,
Et puis [illegible] adjectif [illegible] m'[illegible]

Lie

De cette boutade ou saillie,
Tu ne dois pas être irrité,
Ta gloire n'est point avilie ;
Depuis long-tems, toi seul as mérité,
L'honneur que te fait la Folie.

AU LECTEUR.

AIR. *De tous les Capucins du monde*, ou *Bouchez Naïades vos Fontaines.*

N'Examinez point, je vous prie,
Cet Avorton de la Folie ;
Il fut fait sans attention,
Joüé dans un désordre extrême,
Imprimé sans réflexion,
Et l'on doit le lire de même.

MOULINET

MOULINET PREMIER,

PARODIE

DE

MAHOMET SECOND.

ACTEURS.

MOULINET, Commandant d'un Parti d'Houzards.

LA RANCUNE, ſon Lieutenant.

TITATA, Marêchal des Logis, *joüé par la petite Tante.*

TABATJOYE, Houzard & Domeſtique de Moulinet.

SABREDEBOIS, Houzard attaché au Lieutenant.

NICODEME, Fermier, Pere de Colette.

COLETTE, Amante de Moulinet.

CLAUDINE, Païſanne & Suivante de Colette.

La Scene eſt dans un Village.

MOULINET PREMIER,

PARODIE

DE

MAHOMET SECOND.

SCENE PREMIERE.

LA RANCUNE.

APPROCHE, Sabredebois : tu n'es ici que pour m'entendre ?

,, Enfin voici le jour que Moulinet arrive,
,, Avec le jeune objèt dont ſon ame eſt captive.

Ce fier Commandant des Houzards, après avoir pillé ce Village l'année derniére, s'eſt amouraché de la fille du Fermier de ce Château.

AIR. *O Turlutaine.*

Elle court la prétantaine,
En croupe derriére lui.
Notre amoureux Capitaine,
O Turlutaine,
Nous la raméne aujourd'hui,
Turlututantaleri.

C'est, dit-on, à dessein de l'épouser; il veut que ce soit moi qui prépare le divertissement de ses Nôces: préparons lui plûtôt du fil à retordre.

SABREDEBOIS.

Mais, valeureux la Rançune, depuis que Moulinet soûpire aux pieds de Colette, il est devenu si bénin qu'il va gagner tous les cœurs.

AIR. *Reveillez-vous belle endormie.*

De bonté son ame est remplie,
Pourquoi voulez-vous le trahir?

LA RANCUNE.

A son pouvoir je porte envie,
C'en est assez pour le haïr.

Va, mon pauvre Sabredebois, je connois mieux que toi le Pélerin.

,, Moulinet, je le sçai, n'est point toûjours barbare,
,, De contrastes divers, assemblage bizare,
,, Il tourne au moindre choc comme un Moulin à vent;
,, Tantôt il est Gascon, tantôt il est Normand:
,, Se laissant entraîner, aimant à contredire;
,, Burlesque Capitan, fade Amant qui soûpire,
,, Il céde au vertigo qu'il ne peut maîtriser,
,, Et dans le seul excès il sçait se reposer.

Son

Son mariage va servir de prétexte pour le perdre. Tandis qu'il s'est amusé à promener sa Maîtresse, il a laissé ses Houzards languir ici dans l'inaction. En qualité de Lieutenant je me suis acquis leur estime.

AIR. *Quand la Bergere vient des Champs.*

Je leur fais boire le matin,
Le brandevin,
J'excite leur esprit mutin,
Je les inspire,
Chacun soûpire,
Pour le butin.

Je ne manquerai pas de leur représenter que notre Chef est prêt à se fixer dans ce lieu en épousant une Païsanne, & qu'en sa faveur il nous défendra de piller le Villageois. Il n'en faut pas davantage pour les animer; nous avons une trop forte antipathie contre le Païsan.

SABREDEBOIS.

Vous avez raison.

LA RANCUNE.

Je ne crains que Titata, notre Marêchal des Logis; c'est un étourdi qui se fait tout blanc de son épée, & qui n'obéït qu'à son Capitaine dont il a formé les mœurs. Espérons toutesfois; c'est mon frere, je sçaurai bien le gagner: de plus, Nicodême, le Pere de Colette, que l'on croïoit mort, vient d'arriver secrettement dans le Village.

AIR. *Nous autres bons Villageois.*

Avec ce bon Villageois,
J'ai fait autrefois la tampone;

Il étoit riche & Courtois,
Il aimoit le jus de la tonne;
Il logeoit dans cette maison,
C'étoit le Coq de ce Canton:
Je veux qu'au gré de mon courroux,
Moulinet tombe sous ses coups.

Ce Païsan ne sçait pas que sa fille est au pouvoir de Moulinet. Je l'attens ici pour l'en instruire. Je l'apperçois. Tourne-moi les talons, & ne reparois plus.

SCENE II.

NICODEME, LA RANCUNE.

NICODEME.

BOn jour, brave la Rancune, tu m'as toûjours témoigné de l'amiquié, quoique tu sois du nombre de ces vauriens qui m'avons chassé de ce Châtiau Ils n'ont laissé que les quatre murailles. Queu changement! pour n'en pas pleurer de tristesse,

AIR. *Les Trembleurs.*

Faudroit être un cœur de roche;
C'est-là qu'on tournoit la broche,
Le Célier étoit tout proche,
Et la table étoit ici:
C'est-là que ma pauvre Femme,
Est morte sous votre lame,
Ce souvenir me fend l'ame,
Hélas! on m'a tout ravi!

LA

LA RANCUNE.

Hé bien, veux-tu te venger ?

NICODÉME.

Oui, mais je ne soms pas le plus fort.

LA RANCUNE.

Laisse faire. Tu sçais que je t'avertissois jadis fidélement de nos entreprises, moïennant bouteille.

NICODEME.

Oui, vous êtes un bon diable.

LA RANCUNE.

Je trouve un moïen de chasser Moulinet de ta maison & du Village.

NICODEME.

Comment ça ?

LA RANCUNE.

On t'àura dit, sans doute, qu'après avoir couru les Champs avec une Païsanne de ce lieu, il la ramène aujourd'hui.

NICODEME.

J'en avons entendu marmotter queuque chose.

LA RANCUNE.

AIR. *Vous m'entendez bien.*

Tu dois sçavoir que les Houzards
En Amour sont des Egrillards,
Et de quelle maniére

NICODEME.

Hé bien ?

LA RANCUNE.

Aiment les Gens de Guerre.

NICODEME.

Je m'en doutons bien

C'est-à-dire, que votre Capitaine est de sthimeur-là.

LA

LA RANCUNE.

AIR. *Ah, ah, le plaisant personnage, le Maître-fou que voilà.*

Son ardeur est extrême
Pour son jeune tendron,
Ce bel objèt qu'il aime,
Le connois-tu ?

NICODEME.

Morgué non.

LA RANCUNE.

Mon pauvre Nicodême !
Ah ! ah !
C'est ta fille elle-même.

NICODEME.

Ah ! que nous dites-vous-là !

,, Ma fille entre ses bras, que ma douleur est forte !
,, Non, alle est innocente, ou bian alle en est morte.

LA RANCUNE.

J'admire ta bonne opinion.

NICODEME.

AIR. *Tu croyois en aimant Colette.*

Ma fille à l'honneur trop fidelle ;
Ne se laisse pas amuser ;
Il n'a pû rian obtenir d'alle,
Car an dit qu'il veut l'épouser.

LA RANCUNE.

Ce n'est pas toûjours une régle.

NICODEME.

Oh Dame, vous m'embarassez trop ; vous pourriais bian avoir queuque magniere de raison. Cela m'inm'inquiéte, morguenne; ne pourrions-nous pas trouver une invention pour l'ôter à Moulinet?

AIR. *Ne m'entendez-vous pas.*

Ce maudit fier à bras
Rend mon chagrin extrême;
Il est puissant, il l'aime...
Mon cher, ne tardons pas,
Tirons-là de ses bras.

LA RANCUNE.

C'est aussi mon dessein; mais il faut ménager la chose.

NICODEME.

Oh! point tant de ménagemens, ça presse, voïez-vous; les filles empiront diablement vîte entre les mains de vous autres.

LA RANCUNE.

Hé bien, va m'attendre au Cabarèt prochain nous jaserons de cela plus librement. J'entens notre Commandant, sauve-toi. (*seul*) Il faut avouer que je sçai bien conduire une conspiration.

SCENE III.

MOULINET, LA RANCUNE, *suite.*

MOULINET.

„ DAns ce triste Château qu'a pillé mon courage,
„ Moulinet votre Chef aujourd'hui s'enménage.
„ Avec les Païsans demeurons à couvert,
„ Et passons en repos notre quartier d'hiver.

„ Mé-

„ Méprisons ces Houzards avides de rapines,
„ Que le gain, non l'honneur, au butin détermine.
„ Comme à tout enlever ils mettent leur vertu,
„ Le Païsan par eux est volé, non vaincu.

AIR. *Qu'on ne me parle plus de Guerre.*

Qu'on ne me parle plus de Guerre,
Que le calme règne à son tour;
Je laisse dormir mon tonnerre,
Je m'humanise en ce séjour.
Pendons au croc le cimeterre,
Buvons, fumons, faisons l'amour.

„ Aux Villageois tremblans annoncez ma clémence,
„ Ils peuvent revenir chez eux en assurance.
„ Un amour doucereux enchaîne mon penchant;
„ Je deviens honnête homme, & ne suis plus méchant.
„ Dites à l'Univers que je permets qu'il vive.
„ Aux pieds d'un jeune objèt ma valeur est captive;
„ Une fille du lieu va recevoir ma foi,
„ Ce n'est point m'abaisser, c'est l'élever à moi.

AIR. *Tambour, que tu causes d'allarmes à mes amours.*

Je serai son mari,
Elle sera ma femme;
Si l'on murmure ici,
Regardez cette lame,
Tambours,
Partez, que l'on annonce mes amours.

LA RANCUNE.

„ La fille d'un Manant, votre Femme!

MOULINET.

Oui.

(Il sort.)

SCENE

SCENE IV.

LA RANCUNE *arrête un des Suivans de Moulinet.*

LA RANCUNE.

,, OUi, nous t'obéïrons. Approche, mon ami :
,, De mes complots secrets inutile complice...
,, Mais tu feras bien mieux de n'entrer point en lice ;
,, Ta figure, ton geste, ainsi que tes discours,
,, Des beautez de l'intrigue interromproient le cours.
,, Nous n'avons pas besoin d'un si sot caractére ;
,, Sors... J'apperçois Colette, envoïons-lui son Pere.

SCENE V.

COLETTE, CLAUDINE.

CLAUDINE.

ENfin, belle Colette, nous revoïons notre Clocher.

COLETTE.

AIR. *Nous voyageons par tout le monde.*

Claudine après un long voïage,
Ah quel bonheur !
Nous revenons dans ce Village
Avec l'honneur ;

J'ai

J'ai ſauvé de plus d'un hazard
Ma vertu.

CLAUDINE.

Peſte!
Vous trouvez dans votre Houzard
Un Amant bien modeſte.

Il vous a cette obligation ; il ne valoit d'abord pas mieux que les autres. Combien de fois vous a-t-il menacée!

AIR. *Nous avons pour vous ſatisfaire.*

Il peſtoit, juroit comme quatre,
Voïant ſes feux humiliés;
Mais, hélas! tout prêt à vous battre,
Je l'ai vû tomber à vos pieds.

Cependant on ne croira rien de ſa retenuë : nous venons de reſpirer l'air de la Ville avec lui ; entre nous, cela ne donne pas un trop beau verni à notre réputation. Une Païſanne revient de-là avec un certain fumet de Coquette qui frappe les connoiſſeurs. On vous chanſonnera, vous & votre Amant.

COLETTE.

AIR. *Vite ma charmante Manon.*

Mon Amant eſt trop circonſpect,
En amour il n'eſt pas Grec,
Un reſpect
Auſſi ſec
N'eſt pas ſuſpect;
Le monde ne pourra jaſer,
Il vient ici m'épouſer,

Et

Et j'attends
Ces instans
Depuis long-tems.
Je chéris les Villageois,
Je plains l'état où je les vois,
Je rendrai leur sort plus doux,
Si ce Houzard est mon Epoux,
Je le hais;
Mais,
Pour pouvoir
Voir
Tous les Païsans
Contens
Je m'immole à leur sûreté.

CLAUDINE.

Ah quelle charité!

Je ne suis pas la dupe du prétexte.

AIR. *Petite Brunette aux yeux doux.*

L'Hymen vous plaît, je vois cela,
On ne diroit pas qu'elle y touche;
Une fille sur ce point-là
Fait toujours la petite bouche.

Croïez-moi, ne dissimulez plus, & livrez-vous à la joie.

COLETTE.

Ah! J'ai un pressentiment que cette maison me sera funeste. Claudine, c'est ici.

AIR. *Le fameux Diogene.*

Que l'on perça ma Mere,
Que l'on sabra mon Pere,

La mort vint m'en priver ;
Et c'eſt ici peut-être
Que je ceſſerai d'être...
Je ne puis achever...

CLAUDINE.

Voilà un Païſan qui vous examine beaucoup.

SCENE VI.

NICODEME, COLETTE, CLAUDINE.

NICODEME.

VLa note fille, qu'alle eſt brave! Je la reconoiſſons ; mais ne feſons ſemblant de rian, je voulons voir ſi alle me reconnoîtra itou ; tirons-li les vars du nez.

COLETTE.

Quel eſt ce bon-homme ?

NICODEME.

Madame, je venions pour remarcier vos biaux yeux de ce qu'ils avons adouci ces fripons d'Houzards : an dit comme ça que je pourrons revenir cheux nous, & qu'à vote conſideration ils ne nous tarabuſteront plus ; ç'a nous rend bian joyeux, & ttapandant j'ai envie de pleurer.

COLETTE.

Pourquoi donc ?

NICODEME.

C'eſt que, reverence parler, j'avions une fille aſſez drolette, que ces garnemens m'avient enlevée, & je la retrouvons ; mais on m'apprend qu'alle s'eſt apprivoiſée avec eux.

COLET-

COLETTE.

AIR. *Tes beaux yeux ma Nicole.*

Quel trouble je ſens naître,
Avec moi quel rapport !
Votre fille peut-être,
Eſt innocente encor.

NICODEME.

Ah ! peut-être eſt bon là.

COLETTE.

Faites vous reconnoître ;
Ce viſage abattu,
Bientôt ſera renaître,
Sa premiére vertu.

NICODEME.

Vous me la baillez belle ; eſt-ce que ça repouſſe comme une aſparge? Laiſſez-moi pleurer.

COLETTE.

„ Vous m'attendriſſez trop, ce trouble m'embaraſſe,
„ Ah ! qui que vous ſoïez, votre douleur me glace.

NICODEME.

„ Colette !

COLETTE.

Hé bien, Monſieur, pourquoi me nommez vous?

NICODEME.

„ Chére Colette !

COLETTE.

Hé bien... O mouvement trop doux !
„ A ces ſons étouffés, à ce viſage blême,
„ A ces yeux effarés, eſt-ce vous Nicodême ?

NICODEME.

Tu l'as deviné ; mais ne m'embraſſe pas encore que je ne ſçachions ta conduite.

AIR. *A la façon de Barbari.*

Comment as-tu passé le tems,
Depuis plus d'une année?
Avec ces méchans garnemens,
T'es-tu bian gouvarnée?

COLETTE.

Belle demande! ah voïez donc,
La faridondaine
La faridondon.

NICODEME.

Ne t'a-t-on pas traitée ici beribi,
A la façon de Barbari.

COLETTE.

Nani.

NICODEME.

AIR. *Nous sommes Houzards.*

Avec un Houzard
L'honneur court un très-grand hazard;
De tout, un franc Soudar
Tire part,
Et traite, sans égard,
Une fille comme un rempart.

COLETTE.

Avec Moulinet je proteste
Que mon cœur n'a jamais succombé;
Auprès du Sexe il est modeste
Comme le seroit un jeune Abbé.

NICODEME.

Comme un Abbé dis-tu?
Ah! tout est perdu.

Van

Ventregué, comme dit st'autre, rian n'est pis que liau qui dort: on se défie de la force & non de la manigance.

Air. Le Bois de Boulogne.

Accoûtumé d'être Vainqueur,
L'Officier veut brusquer un cœur;
Le Crésus veut en faire emplette,
Mais l'Abbé le prend en cachette.

COLETTE.

Ah! mon Pere, n'aïez aucun soupçon contre moi, j'ai toute ma vertu.

NICODEME.

Air. (noté, à la fin.)

Ah, tanmieux! Mon chagrin amer
Se dissipe comme un éclair;
Je t'en crois un peu trop en l'air:
Mais, sur ce point, le plus grand Clerc
N'y voit pas clair.

Approche, que je t'embrasse. Mais ce n'est pas le tout; tant va la cruche à liau qu'à la parfin alle se brise, & je craignons pour l'avenir. Défie-toi de l'Amour, il faut l'arracher drès qu'il prend pied: car, vois-tu,

Air. Ici je fonde une Abbaye.

Il faut que tu te l'imagine
Comme un Arbrisseau qui produit
Queuques douceurs en sa racine,
Baucoup d'amartume en son fruit.

COLETTE.

Vous avez raison.

NICODEME.

Oh, dame! il ne faut pas toûjours se fier sur sa sagesse; gnia de çartains momens où le cœur prend feu comme de la poudre: toi qui vis depis longtems avec les gens de Guerre,

AIR. *Pan pan pan, la Poudre prend.*

Accoute une comparaison.
Tu sçais ce que c'est qu'un Canon?
As-tu veu, morgué, comme il pette,
Drès qu'on approche une allumette?
Pan, pan, pan,
La Poudre prend,
Tout est en feu dans un instant.

COLETTE.

Oui, vous m'éclairez, & je pourrois faire ici quelque sottise.

,, Abandonnons ces lieux, oui, cachez moi, mon Pere,
,, Dans l'abîme des flots, au centre de la Terre.

NICODEME.

Queu diantre de cachette me propose-tu? Je n'entends rian a son jargon; comme il est changé! Laisse-moi faire, je connoissons tous les agets du Châtiau; & je vais penser comment je pourrons en sortir.

COLETTE.

Ah! ne me laissez point seule.

NICODEME.

Qui t'a rendu si peureuse?

COLETTE.

Non, vous ne sortirez pas encore.

NICODEME.

Comme tu sautes à mon cou! Laisse-moi donc. Queuqu'un viant. Alle ne me quittera pas qu'on ne nous ait surprins. Queu malice!

SCE-

SCENE VII.

MOULINET, NICODEME, COLETTE, CLAUDINE.

MOULINET.

AIR. *Oh oh, ah ah,*

Dieux ! Qu'est-ce que je voi ?
Mon amour est trahi !
Quel est-tu ? Réponds moi,
Que viens-tu faire ici ?
Oh oh ! ah ah !
Eh, comment donc ? Pourquoi cela ?

Parles, & n'attens pas que cent coups d'étrivieres....

NICODEME.

Oh, je ne sis pas à ça près. Je ly ordonnions de te bailler taloche toutes les fois que tu vienrois batifoler autour d'alle.

AIR. *Ah fripon, comment donc ?*

Tu li tendois finement l'hameçon !

MOULINET.

Tu le prends-là sur un drôle de ton !
Qui t'a chargé de lui donner leçon?
Pour t'en payer, je vais te faire pendre:
Ah, fripon, sur quel ton? Comment donc?

NICODEME.

C'est le ton qu'il faut prendre.

AIR. *De néceſſité, néceſſitante.*

Je ſuis ſon Papa.

MOULINET.

Qui toi ?

NICODÊME.

Moi-même,
Et mon nom s'appelle Nicodême,

MOULINET.

Toi, ſon Pere ?

NICODEME.

Et, morgué, oui ſon Pere ;
Du moins à ce que m'a dit ſa Mere.

N'eſt-il pas vrai, Colette ? Rends-ly témoignage de ça.

MOULINET.

,, Va, je te reconnois : c'eſt toi qui m'as bleſſé,
,, Lorſque de ce Château mes Houzards t'ont chaſſé ;
,, Tu fis bien ton devoir, tu défendois ton Hôte :
,, Je t'ai battu, pillé ; ce n'étoit pas ma faute.
,, Ne me reproche plus une injuſte rigueur,
,, Crime de la Victoire & non pas du Vainqueur.

NICODEME.

Vla une plaiſante magniere de s'excuſer : quoiqu'il en ſoit, n'eſpere rian de Colette ; je n'ai qu'à ly dire, ſois ſage, alle le ſera d'abord.

MOULINET.

,, Ah ! ſi des Paÿſans le repos t'intéreſſe ;
,, Sur-tout, garde-toi bien de m'ôter ma Maîtreſſe ;
,, Elle arrête mes coups. Tu ſçais que les Soldats,
,, Avec les Villageois, vivent en Chiens & Chats.
,, Colette ici ſuſpend mon ardeur militaire ;
,, Mes Houzards ne vont plus à la petite Guerre :
,, Mais ſi je la perdois... Vos Poulets, vos Chapons,
,, Tout ſeroit enlevé juſques à vos Maiſons !

NICO-

NICODEME.

Vous voulez que Colette nous acquitte envars vous?

MOULINET.

Oh, ne soupçonne pas le respect le plus singulier.

AIR. *Lustucru.*

Tous deux, sous la même tente,
Nous avons logé long-tems :
Mais l'ardeur que je ressens,
Est innocente,
J'ai respecté sa vertu,
L'eusses tu crû?

COLETTE.

Oui, mon Pere, c'est moi qui l'ai mis sur ce pied-là.

MOULINET.

,, J'ai volé tous vos biens; mais je suis généreux,
,, Je ne vous retiens plus, soïez libres tous deux :
,, Admire cet effort où ma clémence brille.
,, Tu peux me refuser ou me donner ta fille.

NICODEME.

Si c'est pour la bonne chose, touchez là; si c'est pour l'autrement, *Néant.*

MOULINET.

Je prétends être son Epoux.

AIR. *Fille qui voyage en France.*

Et mon respect l'abandonne,
Si de moi tu ne fais choix.

NICODEME.

Je vous trouve l'ame bonne;
Qu'elle subisse vos loix,
Je vous la donne :
Vous avez de trop bons droits,
Sur sa parsonne.

Je n'avons garde de vous la refuser.

MOULINET.

Ce n'est pas assez, charmante Colette, le suffrage d'un Pere n'est rien pour moi, si votre bouche ne le confirme. M'aimez-vous? Parlez, vous êtes libre, enfin.

COLETTE.

AIR. *Ces filles sont si sottes, lanla.*

(Colette tire un Canif.)

Colette l'a toûjours été.
Pour peu que la témérité,
Eût surpris ma foiblesse,
Pour venger l'honneur irrité,
J'eusse imité Lucrece,
Lon la,
J'eusse imité Lucrece.

AIR. *Tu n'manieras pas mon Minet.*

Car j'avois caché ce stilet,
Dans la fente, dans la fente,
Car j'avois caché ce stilet,
Dans la fente de mon Corcet;

AIR. *Landerirette.*

Mon honneur, au premier effort,
Fuïoit dans les bras de la mort,

NICODEME.

Landerirette!
Tu lui bailles l'amphigouri,
Landeriri.

AIR.

COLETTE.

AIR. *J'en jure par vos yeux.*

Mais j'avouë en ces lieux,
Que si tu m'aimes bien,
Je t'aime encore mieux;
Je ne risque plus rien,
Tu n'es pas dangereux.

„ Je te connois assez pour ne te craindre plus,

Cette preuve suffit. (*Elle jette le Canif.*)

NICODEME.

Je l'avions, morgué, bian dit, qu'alle étoit sage!

MOULINET.

AIR. *L'autre nuit j'apperçûs en songe.*

La voilà cette rare Gloire,
Qui toûjours a flatté mes vœux;
Un Objèt libre & vertueux,
M'accorde une tendre Victoire:
Je vais savourer la douceur,
Des prémices d'un jeune cœur.

Je crains que ce bonheur ne m'échappe. Venez vîte, cher Beaupere, vous ferez dresser le Contrat à votre fantaisie; car, ma foi, je n'entends rien à tout cela.

AIR. *L'allumette.*

J'ai grand besoin de vos avis,
Vous m'instruirez pour le ménage;
Chez nous, jamais de Pere en Fils,
Nous n'en avons connu l'usage.

Au revoir Colette.

SCENE VIII.

COLETTE, CLAUDINE.

CLAUDINE.

COmment, vous soupirez encore?

AIR. *Tallaleri, tallaleri, tallalalire.*

Pourquoi marquer de la tristesse,
Rien ne doit plus vous émouvoir;
Dans ce moment plein d'allégresse,
Colette serrez ce mouchoir,
N'avez-vous pas sujet de rire?

Allons donc.

Tallaleri, tallaleri, tallalaiire.

COLETTE.

Ne prends point garde à mes larmes; dans le fonds, je n'en suis pas moins joïeuse, & l'on pâme de joïe ainsi que de tristesse.

CLAUDINE.

Oh! j'en suis très-persuadée.

AIR. *Les Echos.*

L'approche du mariage,
D'une fille émeut le cœur;
Elle pleure, c'est l'usage,
Cela prouve sa pudeur;
C'est un Papa que l'on quitte.

En

En gémit-on tout de bon ?
Non.
On fait un peu l'Hypocrite;
Oui, l'œil pleure : mais l'esprit
Rit.

COLETTE.

Que nous veut Rabatjoye ? Son air triste m'est de mauvais augure.

SCENE IX.

RABATJOYE, CLAUDINE, COLETTE.

RABATJOYE.

Nicodême m'a chargé de vous donner ce billet.

COLETTE *prenant le billet avec émotion.*

Que peut-il me marquer ?

SCENE X.

MOULINET, COLETTE, CLAUDINE.

MOULINET.

AIR. *Je ne sçais pas écrire.*

Vous m'avez l'air tout inquiet,

COLETTE.

Tenez, regardez ce billet

Que l'on vient de m'écrire;
Il présage quelque malheur :
Lisez-le vous-même, Monsieur,
Car je ne sçai pas lire.

MOULINET *lit.*

Ma fille, les Houzards murmuront, glia queuque Anguille sous roche. N'en dis rian à Moulinet: mais fais-li différer ton mariage jusqu'à ce que je soions mieux instruits. NICODEME.

COLETTE.

Quel revers! cher Moulinet, vous en frémissez!

MOULINET.

,, Je frémis de l'affront, & non pas du danger.

Mes Houzards murmurent de notre mariage: Ah! Faquins, je vous apprendrai si nous avons besoin de votre consentement. Pour les braver, je veux qu'ils soient tous de la nôce : mais je vous vois frémir a votre tour.

,, Vous m'insultez; trembler ou pour vous ou pour
,, moi,
,, N'est-ce pas m'accuser de foiblesse ou d'effroi.

COLETTE.

Ah! je vous jure que je ne tremble que pour vos Houzards; vous êtes un peu brutal de votre naturel, &...

MOULINET.

Ah! si vous ne voulez les voir tous réduits en poudre, gardez-vous bien de m'irriter contre eux.

COLETTE.

Moi, vous irriter contre eux! Je suis trop douce pour cela.

AIR.

AIR. *Du haut en bas.*

C'eſt la douceur
Qui rend une femme amuſante,
C'eſt la douceur
Qui fait l'éloge de ſon cœur.
J'ai toûjours été bienfaiſante:
En moi, la vertu dominante
C'eſt la douceur.

Mais à propos, où eſt donc mon Pere? Il m'inquiéte, je vais le chercher. (*Elle ſort.*)

MOULINET.

Parbleu, voilà une ſortie bien ménagée! Elle a bien fait, cependant, de céder la place à Titata.

SCENE XI.

MOULINET, TITATA.

TITATA.

„ LE Grivois Titata demande à te parler.

MOULINET.

„ Parle, pourquoi viens-tu?

TITATA.

Pour te faire trembler.

AIR. *De la Milice. Non non, ingrat, tu n'iras pas.*

Crains le dépit de tes Soldats,
Ils te mettront dans l'embaras;

Ne

Ne ſonge plus à ta Colette,
Ventrebleu tu dois être las
De courtiſer cette fillette,
Qui depuis long-tems ſuit tes pas.

MOULINET.

AIR. *Il a la fine montre au gouſſet.*

Tu veux donc m'impoſer des Loix ?
Morbleu ! ſur le Cheval de bois,
Je prétens qu'on te place ;
Encor te fais-je grace.

TITATA.

Hé bien avant de m'y envoïer, écoute du moins les leçons d'un bon vivant qui t'aime, & qui parle comme il penſe. J'oſe t'interroger. A quoi diantre t'amuſe-tu dans ce Château ?

MOULINET.

Tu ſçais que je ne fais que d'y arriver.

TITATA.

AIR. *Ah! ſi j'avois connu Monſieur de Catina.*

Tout juſques au Goujat s'écrie à haute voix,
Quoi donc ſur notre Chef la gloire perd ſes droits ?
Tandis qu'il fait l'amour faut-il que ſes Grivois
Dépenſent leur argent, & ſouflent dans leurs doigts ?

AIR. *Je l'aimerai toûjours, ce pauvre corps !*
Je l'aimerai toûjours quoiqu'il ſoit mort.

Ce n'eſt plus ce grand homme
Si fier & ſi mutin,
Qui nous eût juſqu'à Rome
Conduit pour le butin.

Nous

Nous l'avons donc perdu, ce pauvre corps !
Ah ! faut-il le pleurer avant sa mort ?

MOULINET.

Hé bien, ventrebleu ! ils verront de quel bois je me chausse.

TITATA.

Ce n'est point contre eux qu'il faut t'armer, c'est contre toi-même. Un brave Commandant de Houzards s'amuser à filer le parfait amour ? Quelle honte !

AIR. *Ma Mere a du pouvoir beaucoup,*
Elle a plus d'or & plus d'argent que vous.

Tu veux même, sans examen,
Te mettre au rang des dupes de l'hymen.
Apprens que le sort nous fit naître
Pour en faire, & jamais pour l'être.

„ Ainsi donc ; tu bravas & le fer & la flâme,
„ Pour porter le butin aux genoux d'une femme !

AIR. *Changement pique l'apétit.*

Sçais-tu bien qu'en toute rencontre
Déja du doigt chacun te montre,
Et qu'on te montrera des deux
Si tu deviens plus hazardeux.

Tu rougis ? Allons, morbleu, courage ! Que la Gloire parle à ton cœur. Tuons, pillons, saccageons.

AIR. *Je suis pour les Dames, moi,*
Je suis pour les Dames.

Dans les combats j'ai formé ta jeunesse,
Reprens ta fermeté,
N'écoute plus une vaine tendresse;
Imite ma fierté.
Quoi! je te voi
Céder à ta foiblesse?
Je hais la molesse, moi,
Je hais la molesse.

MOULINET.

C'en est trop! Sors d'ici, malheureux.

TITATA.

Tu m'as menacé du châtiment; sarpedié! je vais le mériter.

AIR. *Servantes quittez vos Paniers,*
La mode est déplaisante.

Armes ta main d'un évantail,
Et laisse ton épée;
D'une femme prens l'attirail;
Va t'enfermer dans un Serail,
Puisqu'aujourd'hui, de ton poitrail,
La gloire est échappée.

AIR. *Les filles de Nanterre.*

Mais ton amour chancelle,
Ton cœur est ébranlé:
J'ai le prix de mon zéle,
La gloire t'a parlé.

MOULINET.

Je n'y puis plus tenir.... Ah! ne te flatte pas que j'abandonne Colette; je l'épouserai sur ta moustache.

AIR. *Des ruës.*

Que l'on s'aprête
Soldats, Tambour,
Dans ce grand jour,
A voir la Fête
De mon amour.
Ma nôce aujourd'hui se fera.
Si quelqu'un glose sur cela,
Morbleu! sa tête
En sautera.

Va porter ma réponse à mes Houzards.

TITATA *à part.*

Il menace. Il est troublé. J'en augure bien. Laissons-le réfléchir.

SCENE XII.

MOULINET.

NOn, non, Colette, tu m'es trop chére; c'est toi qui m'as rendu honnête-homme, & l'on s'oppose envain à ma flamme.... A ma flamme? Ah! que ce mot commence à me paroître fade! Je parle le jargon d'un petit Maître de Robe..... Mon orgueil admire la fermeté de Titata: ses reproches réveillent mon courage; cependant,

AIR. *Je voudrois bien me marier,*
Je ne sçai comment faire.

Je voudrois bien me marier,
Je ne sçai comment faire.
J'entens la Gloire me crier :
Que fais-tu téméraire?
Et le tendre Amour me prier
De terminer l'affaire.

Ah! puisque la Gloire balance déja l'Amour, elle l'emportera sans doute.

SCENE XIII.

MOULINET, NICODEME.

NICODEME.

AH! mon Gendre, je venons vous dire adieu; j'emmenons Colette: son honneur, sa vie, votre intérêt, tout ordonne qualle batte aux champs.

MOULINET.

,, Tout l'ordonne, dis-tu? Hé l'ai-je commandé?

NICODEME.

AIR. *Des fraises, des fraises, des fraises.*

Vos Houzards l'y voulont mal,
Ils machinont sa perte,
Ils feriont du bacanal.
Fuyons leux courroux brutal
Alerte, alerte, alerte.

,, Laisse-

,, Laiſſe-nous tous les deux enfiler la Venelle.

MOULINET.

,, Par quelle autorité veux-tu diſpoſer d'elle ?

NICODEME.

,, Par le droit que j'avons.

MOULINET.

Eh qui te l'a rendu ?

NICODEME.

,, Je ſuis ſon Pere, enfin.

MOULINET.

Quelle preuve en as-tu ?

,, Mais laiſſons ce diſcours, ta fraïeur m'injurie,
,, En tout autre que toi mon bras l'auroit punie.

NICODEME.

AIR. *Refrain.*

Mon Gendre, en vérité,
Vous avez bien de la bonté.

,, Mais nous laiſſons Colette expoſée au Rebelle.

MOULINET.

,, Je l'adore, je vis, & tu trembles pour elle ?

NICODEME.

,, Ma foi, je craignons tout.

MOULINET.

Va, tu n'es qu'un poltron.

,, Pour moi, je ne crains rien.

NICODEME.

Tu n'es qu'un fanfaron.

AIR. *Lere là lerelan-là.*

Tout ton parti s'eſt révolté.

MOULINET.

Punissons sa témerité.

NICODEME.

Seul, contre tous, que peux-tu faire ?
Lere-là, lerelanlà.

„ Tu périras toi-même.

MOULINET.

Hébien, tantpis pour vous,
„ Ma chûte, ventrebleu, vous écrasera tous.

NICODEME,

Pargoi, laisse-nous plûtôt partir : La belle chienne d'amiquié qu'il nous porte-là !

SCENE XIV.

RABATJOYE, MOULINET, NICODEME.

RABATJOYE.

AH ! mon Capitaine, venez vîte ! vos Houzards jurent après vous, comme tous les Diables, au sujet de votre mariage.

MOULINET.

Hé bien, ils me verront. Nicodême, rassembles tes Païsans, reprens ton ancien poste dans ce Château : que tout ici t'obéïsse.

SCE-

SCENE XV.

MOULINET, NICODEME, COLETTE.

COLETTE.

AH! Monſieur, quel péril nous menace! Que viens-je d'apprendre!

MOULINET.

,, Calmez-vous. Ce n'eſt rien. Trois cent têtes à bas,
,, Et le reſte en priſon, il n'y paroîtra pas.

COLETTE.

Vous n'y ſuffiriez pas. Attendez.

AIR. *Adieu donc, ma Nanon.*

Je vais, de cet orage,
Faire ceſſer le cours;
Je cauſe du tapage,
Je dois plier bagage:
Quittons-nous pour toûjours.
Adieu donc mes amours.

MOULINET.

Que me propoſez-vous Colette? Ah! n'accordons point ce triomphe à mes Soldats. Reſtez: leurs efforts ne peuvent rien contre ma conſtance.

AIR. *Ce ſont les filles de la Chapelle.*

Car après le ſerment, ma Belle,
Qui nous joint tous deux en ce jour,
Je vous ſerai toûjours fidelle
Juſqu'à la fin de mon amour.

,, Notre hymen se fera, n'altérez point vos charmes,
,, Il est tems de verser du sang & non des larmes.
,, L'attentat de mes gens ne me fait point trémir,
,, Je ne veux qu'un regard pour les anéantir.

SCENE XVI.

NICODEME, COLETTE.

COLETTE.

AH! mon Pere, ne quittez pas cet étourdi, il va se faire tuer... On va me ravir mon Epoux.

NICODEME.

Il ne l'est pas encore, guieu marci. Peste, comme alle y va!

COLETTE.

AIR. *De tous les Capucins*, ou *Bouchez Nayades vos Fontaines*.

O Ciel! quel revers pour ma flâme!
Moi qui croyois être sa femme!
Quoi rester en si beau chemin!
Permets-nous, Fortune ennemie,
Avant de finir son destin,
De finir la cérémonie.

NICODEME.

AIR. *Flon, flon, flon.*

Ne pleure pas, ma fille,
Ton Amant, dans le fond,
Mérite qu'on l'étrille

En double carillon.
Flon, flon, flon.

COLETTE.

Ah! mon Pere, qu'osez-vous dire?

NICODEME.

Entre nous, il nous a fait trop de mal.

COLETTE.

AIR. *Une fille sans un ami.*

Mais, il nous comble de bienfaits. (*bis*)

NICODEME.

Il est libéral à nos fraix;
Sa fureur m'est présente.

COLETTE.

S'il a pillé tous vos effets,
Il m'en païera la rente.

De plus, ne l'avez-vous pas accepté pour Gendre?

NICODEME.

Je ne pouvions faire autrement: mais, enfin, des Païsans devont-ils s'intéresser pour des Houzards?

COLETTE.

Pourquoi non? Moulinet s'est emparé par force de ce Château: vous en êtes le Concierge; vous devez le servir comme votre Maître légitime.

„Osez interroger votre cœur combattu,
„Le préjugé lui parle, & non pas la vertu.

NICODEME.

Ça ne me paroît pas trop juste; mais puisque tu dis que c'est mon devoir: Une fourche, un mousqueton, que j'aille défendre Moulinet, & mourir pour li.

COLETTE.

Mon Pere, où courez-vous ?

NICODEME.

Dame ! accorde-toi donc ? Irons-je ? N'irons-je pas ? Mais, que nous veut encore Rabatjoye ?

SCENE XVII.

NICODEME, COLETTE, RABATJOYE.

COLETTE.

He bien, quelles nouvelles ?

RABATJOYE.

Personne n'a osé tirer le sabre contre notre Commandant ; le Lieutenant seul lui a fait tête. Voici comme la chose vient d'arriver. Dès que la Rancune apperçoit Moulinet,

AIR. *La Magnote.*

Tout aussi-tôt de ce hargneux
La mine se renfrogne,
Il dit retroussant ses cheveux
Et crachant dans sa pogne :
Morbleu, c'est à toi que j'en veux,
Vien-ça que je te frotte :
Entre nous deux, entre nous deux,
Entre nous deux la Magnote.

Mais, sans s'étonner, Moulinet le joint, le terrasse, lui met les menottes, & le fait conduire en Prison.

NI-

NICODEME.

C'est bian fait.

RABATJOYE.

Oh! vous n'êtes pas au bout.

AIR. *Il ne faut qu'un coup de baguette.*

Tout est soûmis au Commandant ;
Mais quittez vîte ces retraites.
(*Montrant Colette.*
Fuïez le péril où vous êtes ;
On veut, qu'a la tête du Camp,
Elle passe par les baguettes.

COLETTE.

Ah Ciel!

NICODEME.

Parguienne, te vla bien chanceuse!

AIR. *Petite la Valiere.*

Prenons tous deux la fuite.

COLETTE.

Mon Pere il n'est plus tems,
Je veux rester au gîte.

NICODEME.

Mais, tu perds le bon sens!

COLETTE.

Je cours braver l'excès
De leur rage inhumaine;
Et pour ces beaux projets
Débarassons la Scéne. (*Elle sort.*)

NICODEME.

Fais donc comme tu l'entendras.

AIR. *T'as l'pied dans le margouilli.*

T'as l'pied dans le margouilli,
Tir-t'en, tir-t'en, tir-t'en taine,
T'as l'pied dans le margouilli,
Pour quant à moi je m'enfuis.

SCENE XVIII.

MOULINET.

JE viens de ranger mes Houzards à la raiſon : cela me met en humeur de faire tapage, je ne ſçai pas pourquoi.

„ Et je ſens dans mon cœur le crime de retour.

Colette en pâtira, je pourrois à préſent l'épouſer ſans obſtacle : mais je me pique d'être ſingulier. Je la quitte.

AIR. *La branle de Metz.*

Je chéris trop cette fille,
Et c'eſt peu de la banir ;
Ma fureur va la punir
De ce qu'elle eſt ſi gentille.
Morbleu, ſi je la tenois,
Comme je l'étrille l'étrille,
Morbleu, ſi je la tenois,
Comme je l'étrillerois.

Mais

Mais je n'en aurai jamais le courage.

AIR. *Refrain.*

Si-tôt que je la vois,
Mon cœur est tant à son aise!
Si-tôt que je la voi,
Je ne dépens plus de moi.

AIR. *Comment faire.*

J'aime Colette tendrement;
De l'épouser j'ai fait serment.
Si j'y manque je suis faussaire:
Mais si l'hymen devient mon lot,
On va me traiter comme un sot.
Comment faire?

SCENE XIX.

MOULINET, TITATA.

MOULINET.

Barbare! Viens joüir du trouble où tu m'as jetté.

TITATA.

,, J'ai prévû ces combats;
,, Ce que peut Titata, c'est de t'offrir son bras.

MOULINET.

A quoi veux-tu qu'il me serve?

TITATA.

A te défaire de ta Maîtresse.

MOULINET.

Hé, qui te dit que c'eſt mon deſſein?

TITATA.

Mon zéle l'a déviné.

MOULINET.

Ah! cruel, ſi tu connoiſſois Colette comme moi, tu penſerois bien différemment!

AIR. *Pour le badinage, bon.*

Mais pour excuſer l'amour
Je crois ton cœur trop novice;
Je te voudrois voir un jour,
Comme un autre, entrer en lice.

TITATA.

Pour le badinage, bon;
Pour le mariage, non.

AIR. *D'une certaine façon.*

D'une certaine façon
Dès qu'on porte la cocarde,
Il faut ſe tenir en garde
Quand l'Hymen tend l'ameçon.
C'eſt ſa gloire qu'on hazarde
D'une certaine façon.
A languir comme un Oyſon
On mérite la nazarde.
Moi, j'épouſe à la Houzarde
D'une certaine façon.

Je ne m'arrête point à toutes ces fadaiſes d'amour.

AIR,

AIR. *Je suis un bon Soldat titata.*

Je ſuis un franc Soldat,
Ti ta ta,
Ne cherche qu'à ſe battre,
Pour aller à l'aſſaut
Tôt tôt tôt,
Moi tout ſeul j'en vaux quatre.

„ Moulinet peut ici par ſa valeur extrême,
„ S'enrichir au pillage; & que fait-il? Il aime.

MOULINET.

„ Hé bien, c'en eſt donc fait? on m'y force, il le faut.
„ Renonçons à l'honneur, & ſoïons un maraut.

AIR. *Les Trembleurs.*

Puiſque ma douceur vous bleſſe,
Puiſqu'on traite de foibleſſe
Le repos où je vous laiſſe,
Soïons Loup avec les Loups.
Oui, dans ma fureur extrême,
Je roſſerai ce que j'aime;
Je t'aſſommerai toi-même:
Tout périra ſous mes coups.

Mais que dis-je? Moi! porter la main ſur Colette! Ah! qu'elle fuïe!... Va, je te l'abandonne; ſauve-là de ma fureur ou de ma foibleſſe: ſi je la revois, je ne répons de rien.

AIR. *Tu croïois en aimant Colette.*

Elle vient,

TITATA.

Que je la redoute !
Adieu tout l'effet de mes soins.

MOULINET *à Titata*,

Qu'on se retire.

TITATA.

Ah ! je me doute,
Qu'il ne vous faut pas de témoins.

SCENE XX.

MOULINET, COLETTE.

COLETTE.

MOn abord vous surprend.

AIR. *Sur le Pont d'Avignon.*

„ Vous ne me cherchez plus, je vais par-tout seulette,
„ Avoüez-le, Monsieur, vous n'aimez plus Colette.

AIR. *De quoi vous plaignez-vous?*

De moi vous plaignez-vous ?
Ai-je donc pû vous déplaire :
De moi vous plaignez-vous ?
Vous n'êtes pas jaloux.
Votre personne m'est chére ;
Pour vous rendre satisfait,
Tout ce que j'ai dû faire,
Ne l'ai-je donc pas fait.

MOU-

MOULINET.

Je ne dis pas le contraire.

COLETTE.

AIR. *Cher Amant tu m'abandonne.*

Cher Amant tu m'abandonne,
Qui s'y feroit attendu,
Faifons puifque tu l'ordonne,
De néceffité vertu.

AIR. *Lize au bord de la Seine.*

Je te rens ta promeffe,
Je dégage ta foi ;
J'étouffe ma tendreffe :
Mais j'y perds plus que toi ;
Car qui voudra de moi ?

„ J'ofe ici feulement vous faire une priére,
„ Ne la rejettez point, Monfieur, c'eft la derniére :
„ Aimez les Païfans, devenez plus humain,
„ N'enlevez point leur lard, ne bûvez point leur vin,
„ Refpectez leurs moitiez, épargnez leur volaille,
„ A leurs troupeaux craintifs, ne livrez plus bataille,
„ Pour les mieux protéger, fouvenez vous toûjours,
„ Que j'étois Païfanne & que j'eus vos amours.

MOULINET.

AIR. *Cela m'eft bien dur !*

Je n'ai pas prévû ces allarmes ;
A mes yeux pourquoi vous montrer ?
Triomphez, vous voïez mes larmes,
Ai-je bonne grace à pleurer ?

Contre vos traits je n'étois pas en garde,
Ah! quand je regarde,
Ces beaux yeux dont le charme est sûr,
Cela m'est bien dur!

(*tendrement.*) (*vivement.*)
„ Je vous aime Colette. . . . Evite ma presence,
„ Tu cours plus de danger, ici, que tu ne pense.
(*tendrement.*)
„ Plus que jamais vos yeux font sur moi leur effet.
(*avec fureur.*)
„ Ah! si vous connoissiez le cœur de Moulinet,
„ Oui l'amour d'un Houzard est un amour impie,
„ Prêt à rosser l'objèt qu'il aime à la folie.

COLETTE.

AIR. *Oh ricandaine.*

Mais je crois qu'il perd la raison!
Oh ricandaine, Oh ricandon:
Rêvez vous mon petit Mignon?
De grace rappellez vous donc.
Ah! si bruſquement passe-t on,
D'une amoureuse émotion
Aux fureurs de l'ambition?
Ricandaine.

MOULINET.

Ventre-bleu! tourne ailleurs tes pas;
Sur toi j'exercerois mon bras.

COLETTE.

Tu feras ce que tu voudras.

MOULINET.

Oui je t'étrillerai,
Oh ricandaine.

COLETTE.

Moi je l'endurerai,
Oh ricandé.

MOULINET.

„ Mais pour être plûtôt débarassé de toi,
(*Il tire un Pistolet.*)
„ Il faut que je te tuë.... Allons morbleu.... reçois....

COLETTE.

AIR. *Tourne, tourne, tourne c'est ton payement.*

En chemin votre bras demeure.
Poursuivez donc votre dessein,
Lâchez le coup, je tend le soin;
Puisque vous voulez que je meure,
Tirez, tirez, tirez votre Pistolet.

MOULINET.

Je n'ai rien dans le bassinet.

COLETTE.

AIR. *Le Meunier avec la Boulangere.*

Je me livre à ce courroux;
Que j'expire sous vos coups,
Je vous le pardonne.

MOULINET.

Que vous êtes bonne!

AIR. *Quand Pierrot coupit.*

La gloire inhumaine
M'excite au forfait;
L'Amour qui m'enchaîne

Me dit en ſecret :
Moulinet,
Turlututu renguaîne, renguaîne, renguaîne.

AIR. *Non, je ne ferai pas, ce qu'on veut que je faſſe.*

Je ſens qu'à tes genoux ma foibleſſe m'entraîne,
Je voulois te tuer, mais l'entrepriſe eſt vaine :
Tout prêt à t'immoler l'Amour t'a fait quartier ;
Le crime eſt imparfait, le remords eſt entier.

,, C'eſt à moi bien plûtôt à me caſſer la tête,
,, Oui, c'eſt bien dit, mourons . . Colette, tu m'arrête!
,, Que d'amour !

COLETTE.

Ah, Monſieur, faut-il comme un nigaud,
S'homicider ſoi-même ? Epouſez-moi plûtôt ?

MOULINET.

Par ma foi je crois que tu penſes juſte. Décidons :
Colette, veux-tu vivre & devenir ma Femme ?

COLETTE.

Pardi, belle demande !

MOULINET.

AIR. *Dans notre Village chacun vit content.*

Sui moi, mon aimable,
Pour l'être à l'inſtant
Au milieu du Camp.

COLETTE.

Mais le lieu n'eſt pas convenable.

MOULINET.

Bon! nous épouſons
Où nous nous trouvons.

COLETTE.

Je n'ose encore me flatter de rien ; vous m'avez promis tant de fois de m'épouser sans l'accomplir, qu'il ne faut plus compter sur votre parole.

MOULINET.

„ Ah! jamais mon ardeur pour vous ne fut si forte ;
„ Je vous aime à la rage, où le Diable m'emporte . .
„ Que dis-je ? malheureux ! Tu me connois brutal,
„ Si tu ne sors d'ici tu te trouveras mal
„ Pour la derniére fois, évite-moi, te dis-je.

COLETTE.

„ Ah ! vous me faites peur, & tout mon sang se fige !
„ Il devient Maniaque ! On devroit le lier.
„ Adieu donc, pour jamais, il le faut oublier.

SCENE XXI.

MOULINET.

„ JE te laisse partir, & je t'aime Colette,
„ Ah ! je change, morbleu, comme une Giroüette.

SCENE XXII.

MOULINET, NICODEME.

NICODEME.

AHi, ahi, ahi!

MOULINET.

Quels cris se font entendre ?

NICODEME.

AIR. *Le long de çà, le long de là.*

Morgué le tour est indigne.
Vos Houzards, insolemment,
M'ont fait un affront insigne:
Ils m'ont frappé vivement
Le long de çà, le long de là,
Le long de l'échigne,
Par derriére & par devant.

Je me sis exposé comme un sot, & je ne sçai comment: mais courez vîte au secours de ma fille, ils voulont itou la passer par les baguettes.

MOULINET.

„ S'ils l'osoient attenter, qu'ils craignent mes fureurs.
„ Non, jamais l'Univers n'auroit vû tant d'horreurs!

SCENE XXIII.

CLAUDINE, NICODEME, MOULINET.

CLAUDINE.

DE la joie! de la joie! Colette a désarmé les Houzards. Ils la trouvent si belle qu'ils voudroient tous l'épouser.

NICODEME.

Oh, diable! je ne voulons point de ces Gendres-là.

CLAUDINE.

Titata, vous la ramène.

SCENE XXIV & derniére.

MOULINET, TITATA.

TITATA.

TRiomphe, Moulinet : la beauté de Colette a parlé pour toi.

AIR. Marche Françoise. *Ratapatapan suivant le Regiment.*

Voïant sur son sein blanc,
De fripons d'amours un groupe,
On s'écrie à l'instant,
Sarpedié, la belle enfant !
Nous excusons son Amant,
Qu'elle soit de la Troupe,
Et qu'il la méne en croupe ;
Rata pa ta pan,
Suivant le Regiment.

Nous te permettons de l'épouser.

MOULINET.

Parbleu, vous n'en serez pas dédit : je vous prens au mot.

AIR. *Si l'Amour a des tourmens, c'est la faute des Amans* (*de l'Opera d'Alceste.*)

Enfin Colette me reste,
Aucun ne me la conteste :

N'allons pas à contre-tems,
Faire un dénouëment funeste,
Si l'amour a des tourmens,
C'est la faute des Amans.

Donnez-moi votre main.

COLETTE.

La voici. Courons signer le Contrat.

NICODEME.

Qu'on fasse la nôce tout-à-l'heure, tandis qu'il est dans la bonne veine; je vais envoïer les Ménêtriers.

COLETTE.

Toutes réflexions faites, l'Amour nous privoit de notre Commandant : l'Hymen va nous le rendre.

AIR. *Non je ne ferai pas ce qu'on veut que je fasse.*

Tant qu'on nourrit l'Amour, par la seule espérance,
Il veut avoir le prix de sa persévérance;
Mais au but désiré quand l'Hymen le conduit,
Il en meurt de plaisir dès la premiére nuit.

FIN.

COMPLIMENT
DE MOULINET
AU PUBLIC

A la clôture du Théatre de l'Opera Comique, le 21 Mars 1739. *

AIR. *Des Pendus.*

AVant d'abandonner ces lieux,
Moulinet vous fait ses adieux;
Ce départ ne vous touche guére.
Bientôt vous allez voir mon frere
Sur le Théatre Italien,
Peut-être n'y perdrez-vous rien.

On a crû ne devoir que travestir & parodier simplement une Tragédie qui a mérité, à si bon droit, vos suffrages. On laisse le soin d'en faire la critique à des plumes plus aguerries dans ce genre.

AIR. *Ah! si j'avois connu Monsieur de Catina.*

Nous avons essaïé d'en effleurer le miel,
Un autre plus mordant peut en tirer le fiel:
Pour peu que mon cadet se livre à mon penchant,
Si je suis plus mauvais, il sera plus méchant.
Mais cela est fort naturel.

AIR,

* Nota. *La Parodie a été représentée pour la premiére fois, le 15. Mars 1739.*

AIR. *De néceſſité néceſſitante.*

Le bon ſang toûjours dégénére.
Mon frere & moi nous avons beau faire ;
Chacun dans notre petite ſphére,
Nous ne vaudrons jamais notre Pere.

A mon égard, Meſſieurs, ſi je vous ai ennuïé, je ne vous ai pas ennuïé long-tems. Quoiqu'il en ſoit, il me reſte à vous remercier de l'accueil favorable dont vous avez paru honorer un enfant qui n'eſt pas venu à terme, & qui meurt dans le tems qu'il devroit naître. Ce m'eſt toûjours une conſolation d'avoir pour témoin de ma fin une ſi brillante Aſſemblée.

AIR. *Les Echos.*

Aujourd'hui la Salle eſt pleine,
Quel plaiſir de vous y voir !
Qu'ainſi la Foire prochaine
Puiſſe combler notre eſpoir !
Veux-tu, Fortune inconſtante,
Nous rendre après tant d'échecs
Secs,
Qu'en l'an mil ſept cent quarante
Nous revoyions le Public
Hic.

F I N.

Moulinet Ier. p. 21.

Ah, tant mieux ! mon cha-grin a-

mer se dis si-pe comme un é-

clair, Je t'en crois un peu trop en

l'air : Mais, sur ce point, le plus

grand Clerc n'y voit pas clair.

www.ingramcontent.com/pod-product-compliance
Ingram Content Group UK Ltd.
Pitfield, Milton Keynes, MK11 3LW, UK
UKHW021819190726
13853UKWH00003B/1056

9 782329 586342